HENRI LEFORT.

CHANTS DE HAINE

II

LES ESCLAVES

50 CENTIMES.

PARIS
COULON-PINEAU, LIBRAIRE,
RUE MONSIEUR-LE-PRINCE, 33.
POLET, LIBRAIRE, PASSAGE DU COMMERCE, 3.

LES ESCLAVES

SCEAUX. — IMPRIMERIE DE MUNZEL FRÈRES.

HENRI LEFORT.

CHANTS DE HAINE

II

LES ESCLAVES

PARIS
COULON-PINEAU, LIBRAIRE,
RUE MONSIEUR LE-PRINCE, 33.
POLET, LIBRAIRE, PASSAGE DU COMMERCE, 3.

LES ESCLAVES

> L'homme est né libre, et partout il est dans les fers ; tel se croit le maître des autres qui ne laisse pas d'être plus esclave qu'eux.
>
> J.-J. ROUSSEAU.

> J'ai souffert quarante ans les outrages des bigots ; j'ai vu qu'il n'y avait rien à gagner à être modéré et que c'est une duperie.
>
> VOLTAIRE.

Des vers, encor des vers, et pourquoi ? Ma pensée
Sort de mon cœur ardente et retombe glacée ;
Car un fantôme noir plane au-dessus de nous,
Et dans l'ombre il me force à ployer les genoux.
Moi, qui voudrais enfin, épanchant mon délire,
Debout, au grand soleil, faire vibrer ma lyre ;
Moi qui voudrais marcher, courir comme il me plaît,
Comme un forçat, je traîne à mon pied un boulet ;

Moi qui voudrais..... Silence, allons, pauvre poète,
Rentre à ton bagne, encor plus bas courbe la tête.
Tu ne peux pas rester debout, tu ramperas;
Ce qu'on ne peut crier, tu le murmureras.
Ils comprennent, ceux qui souffrent de ta souffrance,
Et le plus petit bruit s'entend dans le silence.

Je ne veux pas parler des luttes, des malheurs
Du pauvre prolétaire abreuvé de douleurs.
Beaux esprits de salon déjà prêts à sourire,
Je sais qu'il est banal et mauvais de redire
Cet éternel récit des souffrances des gueux.
Vous admirez les grands et vous ne plaignez qu'eux.
Nous sommes tous égaux dans la famille humaine.
Vous voyez l'empereur captif à Sainte-Hélène;
Moi, je vois la mansarde où souffre l'ouvrier.
Il n'a pas, il est vrai, la gloire du guerrier,
Du sang de ses soldats rougissant des ruines;
Mais je lui vois au front la couronne d'épines
Qui brille plus pour moi qu'une couronne d'or.
Des hommes aujourd'hui portent leur croix encor
Dans ce rude chemin qui conduit au Calvaire.
Sous le poids du travail ils vont à la misère.

Je ne parlerai pas de vous, ô travailleurs !
Je vous aime et me tais, j'attends des jours meilleurs ;
Vous savez mieux que moi si vous portez des chaînes,
Je me tais, on dirait que j'attise vos haines.
Aimez, si vous pouvez — Je veux parler ici
D'autres hommes qui sont des esclaves aussi.

Je signale et flétris l'esclavage des âmes
Qui courbe tant de fronts sous des maîtres infâmes.
Tous ceux qui sous un joug, pliant leur volonté,
Renoncent à ce droit divin : la Liberté,
Sont esclaves. Les uns, fiers de leur impuissance,
Faisant une vertu de leur obéissance,
Pour adorer l'absurde ont nié la raison.
Enfermés dans la foi comme en une prison,
Immobiles, par peur des dangers de la route,
On les voit croire à tout pour échapper au doute.
De l'abandon d'un droit ils ont fait un devoir ;
Ils se crèvent les yeux afin de ne pas voir.
Vous qui, dévotement, faites votre prière,
Et qui calomniez Danton et Robespierre,
Vous avez votre Enfer, s'ils ont eu leur Terreur,
Comme eux, vous voulez-donc triompher par la peur ?

L'horrible guillotine est-elle aussi cruelle
Que Satan attisant votre flamme éternelle?
L'homme, pour y souffrir, sur la terre est jeté !
Voilà donc ce qu'a fait votre Dieu de bonté.
Adam fait une faute, et je suis son complice !
Esclaves de la foi ! voilà votre justice.

. . . .

Je ne suis pas à Rome, et j'ai la liberté
De dire ma croyance avec sincérité;
Je peux donc discuter Jésus-Christ et Moïse,
Car la France n'est pas un État de l'Église;
Juifs, Chrétiens, Protestants y sont les bienvenus,
Leurs cultes opposés sont tous trois reconnus...
On y laisse parler Rabbin, Pasteur et Prêtre;
Lorsque chacun dit : Oui, la Loi répond : Peut-être.
Au nom de la Raison, du Progrès, de la Loi,
Je peux donc discuter les articles de Foi,
Et des dogmes sacrés pénétrant le mystère,
Dire aux fils de Jésus : Je suis fils de Voltaire.
Je ne tends pas la joue à qui veut m'outrager,
Je ne suis pas chrétien, et je peux me venger
De ceux qui font encore une guerre insensée,
Au nom de l'Esclavage, à la Libre pensée.
Oui ! puisqu'on peut livrer à la dérision

Ses saints et ses martys, notre religion.
Oui ! puisqu'on les outrage et qu'on les calomnie,
C'est qu'on veut en laissant cette attaque impunie
Permettre la défense, et nous nous défendrons ;
Nous sommes outragés, et nous outragerons.
Œil pour œil, dent pour dent. La Bible est un beau livre,
Et le parfum de sang qu'il exhale, m'enivre.
Catholiques !... mais non, je n'outragerai pas.
Sur ce chemin glissant, j'arrêterai mes pas ;
Je n'évoquerai pas de souvenirs funèbres ;
Je laisse la colère aux amants des ténèbres.
Ils ont peur, ils ont peur. La liberté, soleil
Qui monte à l'horizon, va troubler le sommeil
Des esprits engourdis et des âmes esclaves.
Ils se réveilleront, et voyant leurs entraves,
Ils briseront les fers, les baillons étouffants.
Ils seront délivrés de leurs terreurs d'enfants.
Ils se redresseront et diront : je suis homme,
Je suis libre, et non pas un esclave de Rome.
Ce sera la raison, non la crainte du feu
Qui leur fera courber la tête devant Dieu.
Je crois, je ne suis pas un athée, et quand même.....
C'est le menteur et non le douteur qui blasphème.
Si j'étais ce bandit qui ne peut croire à rien,

Puisqu'il est la vivante antithèse du bien,
Je ne tromperais pas l'opinion publique
Et je ne prendrais pas le masque catholique.
Je ne cacherais pas, à l'ombre de l'autel,
Mes mains rouges de sang et mon front criminel.
Je voûrais à Satan une splendide église,
Je voudrais qu'on m'admire et non qu'on me méprise ;
Et je ne voudrais pas me faire si petit
Que d'être un plat Tartufe au lieu d'un beau bandit.
Oui, si je n'avais pas la croyance profonde
Qu'il existe un Dieu maître et créateur du monde,
Je dirais : Dieu n'est pas, comme je dis : je crois
Qu'il existe. Voici comment je le conçois.

Ce n'est pas un tyran qui se venge, et torture
Pendant l'éternité sa pauvre créature.
Il juge après la mort quand la lutte finit ;
Mais c'est en père et non en bourreau qu'il punit.
Il a permis le mal, il a voulu la lutte
Pour que la liberté distinguât de la brute
L'homme qui peut faiblir ; mais qui peut résister,
Et qui pour être heureux a dû le mériter.

Le Dieu que je conçois ne veut pas que la terre
Soit un lieu de souffrance, un vaste monastère
Où l'homme refrénant ses besoins, ses désirs,
Croit faire un acte impie en aimant les plaisirs.
Non ! Aimons sans remords les baisers de la femme,
Les voluptés des sens, les voluptés de l'âme,
La splendeur du soleil et le calme des nuits,
Les parfums de la fleur et la saveur des fruits.
Aimons le bon, le beau, toutes les harmonies ;
Toutes les voluptés sont justes et bénies
Quand elles ne font pas souffrir autrui pour nous ;
Mais, pour les plus grands cœurs, le plaisir le plus doux,
C'est de contribuer au bonheur de ses frères.
Le suprême progrès, c'est la fin des misères
Dans le monde physique et le monde moral,
Et plus l'homme est heureux, plus il est loin du mal.
C'est pour lui que les arts prodiguent leurs merveilles
Et les enchantements des yeux et des oreilles.
La Science, marchant de progrès en progrès,
De la création pénétrant les secrets,
Découvre les trésors répandus dans le monde
Pour que l'homme en jouisse et pour qu'il les féconde.
Dieu veut que le Travail soit le maître et le roi,
Et que l'Oisiveté n'impose plus sa loi.

Tout l'annonce, bientôt la Raison détrompée
Brisera sur son front sa couronne usurpée.
Ceux qui sèment le grain récolteront pour eux,
Et les plus méritants seront les plus heureux ;
Ils reprendront enfin au banquet de la vie
La place qui leur est injustement ravie.
Balthazar, à son tour, ira, pâle de faim,
Mendier, en pleurant, leurs miettes de pain.
Mon Dieu n'est pas le Christ, et contre l'injustice
Il veut qu'on se révolte, et non qu'on obéisse.
Il ne dit pas aux bons : Mettez-vous à genoux
Quand on veut vous frapper ; il dit : défendez vous.
Le Christ ne le veut pas. On le raille, on l'outrage,
On l'abreuve de fiel, on lui crache au visage,
Et quand Pierre a tiré son glaive du fourreau,
Il le blâme, et défend de frapper un bourreau.
Enfin sur un croix, victime volontaire,
Ce Dieu, fils d'un Dieu, meurt pour apaiser son père,
Et par toute sa vie, et par sa Passion
Il a glorifié la résignation.
Si le Christ est un Dieu, sa mort est un suicide.
Comme un prêtre païen, comme un prêtre druide,
Le prêtre chrétien croit qu'il faut à Dieu du sang,
Que celui qu'il préfère est le sang innocent ;

Et pour perpétuer cette grande injustice,
Il offre tous les jours *le divin Sacrifice.*
Vous donc qui proclamez la Révolution
Et qui ne voulez pas subir de Passion,
Vous qui ne voulez pas que des mains assassines
Vous mettent sur le front la couronne d'épines;
Défenseurs et vengeurs des peuples mis en croix,
Vous qui, le glaive en main, revendiquez leurs droits,
Vous pouvez admirer le Christ, grande victime,
Qui se sacrifia par une erreur sublime;
Mais ne vous dites plus chrétiens; car vos combats
Sont réprouvés du Christ que vous n'imitez pas.
Non! je n'accepte pas le code évangélique,
S'il est un Dieu, je crois qu'il n'est pas catholique.

Et vous qui vous courbez sous le joug de la Foi,
O vous tous qui marchez au même but que moi
Par un autre chemin, au bonheur de nos frères,
Vous qui compatissez à toutes leurs misères,
Mais qui ne voulez pas frapper leur oppresseur;
Agneaux contre les loups armés de la douceur,
Qui vous sacrifiez pour le bonheur des autres,
Nous avons nos vertus; mais vous avez les vôtres,

Et j'admire toujours l'ardente charité
Qui jaillit de vos cœurs en trésors de bonté.
Vous voulez le progrès, et pour qu'il s'accomplisse,
Vous dites : Charité, nous, nous disons : justice.
Vous voulez réformer les cœurs, et nous, les lois ;
Vous parlez des devoirs, nous, nous parlons des droits.
Doux esclaves, ô vous que j'admire et que j'aime,
Pardonnez-moi ce mot qui vous semble un blasphème ;
Je ne peux pas me taire et ne veux pas mentir,
Et c'est avec douleur que je laisse sortir,
De mon cœur indigné, cette satire amère
Que je renie ici le culte de ma mère.
O ma mère, il le faut ! pardonne à ton enfant,
Car son Dieu lui prescrit ce que le tien défend.
Il est temps d'en finir avec l'hypocrisie,
De proclamer bien haut la loi qu'on a choisie.
L'oppression redouble, et la cause du mal,
C'est ce que je combats : l'esclavage moral.
Nous le savons enfin. — Toutes les tyrannies
Sont sœurs ; il faut briser leurs forces réunies.
Tout principe qui fonde un asservissement
Est un principe faux, qui se trompe ou qui ment.
Jugeons l'arbre à ses fruits. Les preuves sont sans nombre,
On a levé le masque — on n'a plus besoin d'ombre,

Et l'histoire se dresse, implacable témoin,
Disons donc à l'erreur : tu n'iras pas plus loin;
Où sont donc aujourd'hui les complices du crime?
Qui l'excuse, qui donc l'absout, le légitime?

Et je réponds aux bons disant : ce n'est pas nous.
Je veux ma liberté pour combattre pour vous.
Je ne veux pas qu'un dogme ou qu'un pape m'enchaîne.
Luttez avec l'amour, je lutte avec la haine;
Je m'arme, et vous laissez vos glaives aux fourreaux,
Priez donc, — nous soldats, nous tùrons vos bourreaux.

Mais d'autres sont courbés sous un autre esclavage
Qui commence à l'enfance et grandit avec l'âge.
Sous des fracs élégants, ils cachent des cœurs vils ;
J'ai souvent entendu leurs sophismes subtils,
Dans ce milieu banal qu'on appelle : le Monde,
Où la corruption, cachée, est plus profonde.
Je ne déclame pas sur l'immoralité,
Sur le mépris qu'un sage a pour l'humanité.
Non ! la misanthropie est toujours un sophisme,
Que font les lâches cœurs enclins à l'égoïsme.

Je le répète encore : la vie est un combat,
Et celui qui déserte est un lâche soldat.
Il ne faut pas s'enfuir au désert comme Alceste.
Toujours prêt à lutter, il faut dire : je reste,
Ne se plier jamais à ces conventions
Qu'on donne pour excuse aux lâches actions,
Et marcher, le front haut, parmi les sots qu'on brave.
Si l'on n'est pas leur maître, on n'est pas leur esclave.
Monde immoral ! parlant sans cesse au nom des mœurs,
Je te connais, mes vers braveront tes clameurs,
Et je continûrai ma satire féconde :
Je parlerai bientôt des Tartufes du monde.

POUR PARAITRE PROCHAINEMENT

DU MÊME AUTEUR :

LES ESCLAVES. — LES TARTUFES.

LES PRÊTRES DU TEMPLE DE LA BOURSE.

LES JEUNES GENS.

LES FEMMES. — LES ARTISTES.

SCEAUX. — IMPRIMERIE DE MUNZEL FRÈRES.

www.ingramcontent.com/pod-product-compliance
Ingram Content Group UK Ltd.
Pitfield, Milton Keynes, MK11 3LW, UK
UKHW020544230726
13925UKWH00006B/2425